Vom Morgen bis zur Guten Nacht

Die schönsten Kindergebete

Gesammelt und herausgegeben von
Marilis Lunkenbein

Illustriert von
Friederike Spengler

Pattloch Verlag

Die Deutsche Bibliothek - CIP-Einheitsaufnahme

Vom Morgen bis zur Guten Nacht : die schönsten Kindergebete / ges.
und hrsg. von Marilis Lunkenbein. Ill. von Friederike Spengler. –
Augsburg : Pattloch, 1996
  ISBN 3-629-00257-9

Gedruckt auf chlorfrei gebleichtem Papier.

Pattloch Verlag, Augsburg
© Weltbild Verlag GmbH, 1996
Reproduktion: Litho-Art, München
Gesetzt aus 13/15 P. Sabon von Cicero Lasersatz, Dinkelscherben
Gesamtherstellung: Interdruck, Hohenossig
Printed in Germany
ISBN 3-629-00257-9

Inhalt

Vorwort 4

Gebete am Morgen
Guten Morgen, lieber Gott 6

Gebete bei Tisch
Wir wollen danken 16

Gebete für den ganzen Tag
Du wirst immer bei mir sein 26

Gebete am Abend
Wenn ich abends schlafen geh' 36

Mein Lieblingsgebet 48

Vorwort

Liebe Eltern,
liebe Kinderfreunde,

ist Beten heute überhaupt noch zeitgemäß? Oder ist es eine längst überholte Angelegenheit aus Omas Zeit? Das tägliche Gebet am Abend, am Morgen und bei Tisch war früher eine Selbstverständlichkeit. Die täglichen Gebete waren Rituale, über deren Sinn nicht ständig nachgedacht oder spekuliert wurde. Durch die Regelmäßigkeit gingen Kindern bestimmte Gebete in Fleisch und Blut über. Sie waren ihnen einfach vertraut, sie gaben Geborgenheit, egal, ob die Kinder ihren Sinn voll und ganz verstanden hatten oder nicht.

Das ist heute, in einer Zeit, in der viele Selbstverständlichkeiten in Frage gestellt werden, nicht mehr unbedingt so. Oder doch? Oder ist es inzwischen wieder so? Kinder brauchen Rituale. So sagt man heute und so steht es in klugen Büchern für Eltern und Erzieher. Kinder lieben Rituale, denn sie helfen ihnen, sich in einer Welt zurechtzufinden, die uns Erwachsenen ja schon täglich immer komplizierter erscheint.

Rituale schaffen Geborgenheit, Sicherheit, Ordnung und Gemeinschaft. In diesem Sinne möchte ich für die Wiedereinführung der guten alten Kindergebete plädieren.

Warum sollte ein „Müde bin ich geh' zur Ruh" nicht seinen selbstverständlichen Platz neben der Gute-Nacht-Geschichte haben? Oder warum nicht noch ein paar Minuten länger morgens im gemütlichen Bett verbringen und dem lieben Gott für den neuen Tag und die vergangene Nacht danken?

Dankeschön sagen? Das gehört auch heute wieder mit zu den Erziehungszielen. Vor oder nach dem Essen zu danken – dazu sind die Tischgebete da. Und danken können Kinder für so vieles, nicht nur für das tägliche Brot. Probieren Sie es mal spielerisch, mit einem Gebetswürfel (siehe Seite 19), der täglich abwechselnd von einem Familienmitglied gewürfelt wird. Das Tischgebet wird dann bestimmt nicht vergessen werden. So schaffen Gebete als Rituale im besten Sinne Gemeinschaft untereinander.

Und sie schaffen eine Beziehung zu einem höheren unsichtbaren Wesen, das wir Gott nennen. Wenn schon wir Erwachsenen unsere Schwierigkeiten haben, Gott, dieses höhere Wesen, unseren Vater zu verstehen, um wieviel schwerer wird das Kindern fallen. Da können Gebete Brücken sein. Brücken kann man selber bauen und Gebete selbst erfinden. Beten – das heißt: mit Gott sprechen. Ganz einfach, indem wir unsere Kinder anregen, über das, was sie bewegt zu sprechen, mit den Eltern, aber genauso mit Gott. Vielleicht entlastet es das Kindergartenkind, wenn es den „lieben Gott" bitten kann, daß die liebste Freundin oder der Nachbarjunge wieder gut mit ihm ist. Oder wenn die große Schwester um Verzeihung bittet, weil sie gar so garstig mit dem kleinen Bruder umgesprungen ist. „Lieber Gott, morgen will ich besonders nett zu Florian sein und mit ihm spielen. Das verspreche ich Dir." Auch solches Beten können Eltern bei ihren Kindern fördern und dadurch selbst wieder lernen.

Beten kann man lernen, Beten kann man üben. Stellen sie sich mal vor, Sie lesen das Wort GEBETE auf einer weißen Wand. Oder irgendwo auf einem Plakat. Was fällt Ihnen zu diesem Begriff ein? So lauten beliebte Übungen in Seminaren. Das regt zum Nachdenken an. Überlegen Sie sich diese Frage doch mal gemeinsam mit Ihren Kindern. Sie werden von den Ergebnissen überrascht sein.

Was mir dazu eingefallen ist, steht unten. Gebete können:

G – Geborgenheit schaffen
E – Einsamkeit überwinden
B – Brücken bauen
E – Ehrlichkeit üben
T – Trauer teilen – Träume wecken
E – Einigkeit erreichen

Marilis Lunkenbein

Guten Morgen, lieber Gott

Das Vöglein singt

Schon steigt die Sonne golden auf,
die dunkle Nacht tut weichen.
Schon singt das Vöglein frisch hellauf
und lobt Gott ohnegleichen.
Ich danke, lieber Gott, nur Dir,
daß ich so gut geschlafen.
Nun segne meine Hände mir
zum Spielen und zum Schaffen.
Dich, lieber Gott, lobpreise ich,
Dich rufe ich beim Namen.
Gib mir zu essen, segne mich
und alle Menschen. Amen.

Im Bett ist es so schön

Lieber Gott, warum ist es nur
am Morgen im Bett so schön?
Am Abend mag ich gar nicht geh'n.
Und jetzt möchte ich noch gar
gar nicht aufsteh'n.
Ich bin noch so müde
und habe gar keine Lust,
aus dem warmen Bett zu steigen.
Lieber Gott, gib mir einen Ruck
und laß mich gut anfangen.

Wohin ich auch gehe

Lieber Gott, Du bist bei mir,
wohin ich auch gehe.
Du läßt mich nie allein.
Du beschützt mich
in jeder Stunde,
in jeder Minute,
in jeder Sekunde.
Du begleitest mich
heute und an jedem Tag.
Danke, lieber Gott!

8

Mit frohen Sinnen

Laß uns jetzt mit frohen Sinnen
diesen neuen Tag beginnen!
Der liebe Gott uns Kraft verleihe,
daß unser Werk auch gut gedeihe.

Tag und Nacht

Lieber Gott, in dieser Nacht
hast Du mich so schön bewacht.
Nun bewach' mich auch am Tag,
daß ich Dir viel Freude mach'.

Treu behütet

Guter Gott, ich danke Dir,
Du bist immer gut zu mir.
Du hast mich auch in dieser Nacht,
gut behütet und bewacht.
Bleib bei mir auf allen Wegen,
schütze mich mit Deinem Segen.

Gesund erwacht

Vom Schlaf bin ich gesund erwacht,
Dir, lieber Gott, sei Dank gebracht.
Paß' Du auch heute auf mich auf
dann nimmt alles seinen Lauf.

Schöne Morgenstund'

Aus meines kleinen Herzengrund,
Dir, lieber Gott, sag ich hier Dank
in dieser schönen Morgenstund'
und von jetzt mein Leben lang.

Gut geschlafen

Guter Gott, wir danken Dir
für diese Nacht.
Wir haben gut geschlafen
und sind fröhlich aufgewacht.
Behüte uns an diesem neuen Tag,
daß uns kein Unglück treffen mag.

Gesund aufgewacht

Gott, vorüber ist die Nacht.
Gesund und froh bin ich erwacht.
Beschütz' mich auch an diesem Tag,
daß mich kein Unfall treffen mag.

Hab acht auf uns

Die Freunde hast Du mir gegeben.
Sie geben Liebe und Freude mir
Beschütze uns auf allen Wegen.
Hab acht auf uns, wir danken Dir.

Du liebst die Welt!

Wir danken Dir, Du großer Gott,
für diesen neuen Morgen.
Du liebst die ganze weite Welt,
Du willst für alle sorgen. Amen

Begleite mich

In Gottes Namen steh ich auf.
Du, Jesus, leite meinen Lauf,
begleite mich mit Deinem Segen,
behüte mich auf allen Wegen! Amen

Danke für Deinen Schutz

Lieber Gott, danke, daß Du meine
Familie und mich beschützt.
Bitte beschütze auch alle Menschen,
denen es nicht so gut geht wie mir.

Mit Deinem Segen

Alles, was wir heute tun,
Lernen, Spielen, Wachen, Ruh'n
soll gescheh'n in Deinem Namen
und mit Deinem Segen. Amen.

Ich bin so klein

Lieber Gott, ich bin noch klein,
kann so vieles nicht allein,
drum laß Menschen sein auf Erden,
die mir helfen, groß zu werden,
die mich nähren, mich geleiten,
die mich trösten, wenn ich weine,
Lieber Gott, und dieses eine,
mach', daß sie auch lieben Kleine!

Du wirst für mich sorgen

Ich danke Dir, Du lieber Gott,
für diesen neuen Morgen.
Du liebst die ganze weite Welt
und wirst für mich auch sorgen.
Alles, was ich heute tu –
lernen, spielen, wachen, ruh'n,
soll gescheh'n in Deinem Namen
und mit Deinem Segen. Amen.

Ich wünsche mir einen Freund

Manchmal bin ich so allein.
Ich schaue den anderen Kindern
beim Spielen zu.
Wenn ich nur einen Freund hätte.
Bitte hilf mir, einen Freund zu finden!
Ich möchte so gern freundlich sein.
Und wenn ich viele Freunde finde,
laß mich an die anderen Kinder denken,
die keine Freunde haben und
ganz allein sind.
Laß mich dann auch mit ihnen
Freundschaft schließen.

Heute ist mein Geburtstag

Jesus, ich lade Dich ein.
Heute hast Du mir ein Geschenk gemacht:
Ein neues Lebensjahr!
Ich zünde eine Kerze mehr an
in meinem Lebenskreis.
Und mein Leben soll stärker leuchten.
Jeder Tag meines Lebens soll gut sein –
so wie ein Stück von
meinem Geburtstagskuchen.
Ich habe heute alle
meine Freunde eingeladen.
Dich, Jesus, lade ich ein,
mich das ganze neue Lebensjahr
zu begleiten. Amen.

Ich will Freude schenken

Lieber Gott, heute gehe ich zu
Stefans Geburtstag.
Das wird sicherlich lustig.
Wir singen und feiern und
bringen Geschenke mit.
So könnte jeder Tag sein.
Laß mich öfter singen und
anderen Freude schenken.
Zeige mir, wer jetzt Freude braucht.

Vor Freude die Katze küssen

Lieber Gott,
Ich habe gut geschlafen
und freue mich auf Deine Welt.
Manchmal freue ich mich so sehr
auf Deinen Tag, daß ich vor
Freude meine Katze küssen möchte.
Aber manchmal fällt mir das
Aufstehen so schwer, daß ich
mich am liebsten verkriechen möchte.
Heute aber, lieber Gott,
bin ich fröhlich.
Bitte schenke der ganzen Welt einen
guten Morgen. Amen.

Mach meine Augen hell!

Lieber Jesus, segne mich!
Gib mir einen guten Sinn,
daß ich folgsam bin!
Mach' mir meine Augen hell,
meine Füße schnell,
meinen Geist bereit –
Jetzt und allezeit! Amen

Dein Engel hat gewacht

Ich hab' so gut geschlafen
die ganze lange Nacht,
Du, lieber Gott im Himmel,
hast mich dabei bewacht.
Du schicktest Deinen Engel,
der war stets bei mir.
Du, lieber Gott, im Himmel,
ich danke Dir dafür!

Gut geschlafen

Lieber Gott!
Ich bin aufgewacht,
die Nacht ist vorbei.
Lieber Gott, ich danke Dir,
daß ich so gut geschlafen habe.

Das Vöglein steigt empor

Das kleine Vöglein steigt empor,
hoch in die Luft hinein,
und singt so hell sein Morgenlied,
wie fröhlich darf es sein!
Grüß mir den lieben, guten Gott,
du Vöglein zart und klein,
und sag ihm, daß ich heute möcht'
sein frommes Kindlein sein!

Alle Tiere loben Dich

Der Vogel Dir singt,
das Fischlein Dir springt,
die Biene Dir summt,
der Käfer Dir brummt.
Auch pfeifet Dir das Mäuselein:
Herr Gott, Du sollst gelobet sein.

Loblied am Morgen

Wenn die Sonne aufgegangen,
und der Tag hat angefangen,
will ich Gott im Himmel droben
fröhlich und von Herzen loben.

Mit dem lieben Sonnenschein
und den Tieren groß und klein
und mit allen schönen Dingen
will ich Dir mein Loblied singen.

Es regnet

Guten Morgen, lieber Gott,
es geht mir gut.
Der neue Tag, der gibt mir Mut.
Und ist es heute draußen naß,
so hab' ich trotzdem meinen Spaß.
Nur an Schönes will ich denken
und allen Menschen Freude schenken.
Geht mal was schief,
ist's halb so wild,
dann male ich für Dich ein Bild.
Da sind dann bunte Dinge zu sehn,
die können nur fröhliche Menschen verste
Ich fang' jetzt an,
weil's sonst keiner tut,
guten Morgen, lieber Gott,
es geht mir gut.

Meine Freunde

Lieber Gott,
ich danke Dir!
Ich danke Dir für jedes Tier,
den Vogel auf dem Dach,
die Fische im Bach,
die Katze im Haus,
im Keller die Maus,
den Hund und den Floh,
den Elefanten im Zoo.
Über alle bin ich froh.

Die Erde ist schön

Soviel Freude hast Du, Gott,
in die Welt gegeben:
Sonne, Sterne, Schmetterlinge,
Lieder, Blumen, schöne Dinge,
daß wir fröhlich leben.

Und Du gibst uns einen Ort,
den wir Heimat nennen:
Städte, Dörfer, uns gebaut,
Berge, Täler, uns vertraut,
die wir lieben, kennen.

Um uns liebe Menschen sind,
die uns treu begleiten:
Eltern erst, die mit uns gehen,
Freunde auch, uns beizustehen
aus dem Weg, dem weiten.

Dazu bin ich auf der Welt,
daß ich Frieden bringe,
daß ich hier an jedem Tage
Deine Liebe weitersage.
Hilf daß mir's gelinge. Amen

15

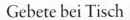

Wir wollen danken

Jedes Tierlein

Jedes Tierlein hat sein Essen,
jedes Blümlein trinkt von Dir,
hast auch uns heut' nicht vergessen,
lieber Gott, wir danken Dir.
Von Deiner Gnade leben wir,
und was wir haben, kommt von Dir.
Drum sagen wir Dir Lob und Preis,
tritt segnend ein in unseren Kreis.

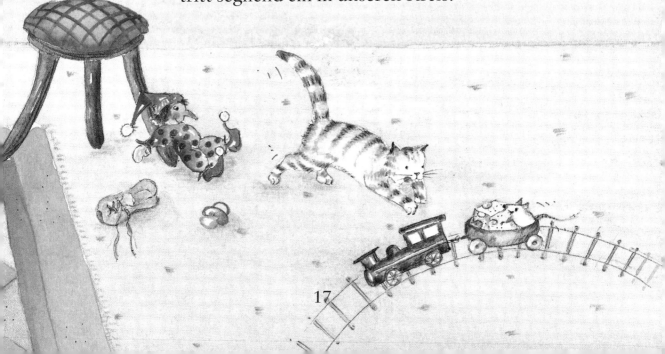

Gesundheit

Lieber Gott ich danke Dir,
daß meine Eltern und ich
und mein Bruder gesund sind.
Und daß wir alle genug zu essen
und zu trinken haben.

Für alle Gaben

Lieber Gott, ich danke Dir,
für alle Deine Gaben:
Für die Kirschen, Beeren, Blumen,
für die Bienen, die laut summen.
Du läßt wachsen für uns alle,
reichlich gibst Du uns zum Mahle,
nicht nur Leuten groß und klein,
nein auch Wurm und Vöglein.

Anna E. Marks

Aus der braunen Erde

Aus der braunen Erde
wächst unser täglich Brot.
Für Sonne, Wind und Regen
danken wir Dir, oh Gott.
Denn, was auch sprießt
aus unserm Land,
alles kommt aus Deiner Hand.

Gott liebt uns

Oh Gott, von dem wir alles haben,
wir bitten Dich um Deine Gaben,
Du speisest uns, weil Du uns liebst,
so segne auch, was Du uns gibst.
Amen.

Was wir täglich brauchen

Was wir täglich brauchen,
das gib uns, lieber Gott:
Unser tägliches Brot gib uns heute.
Unser tägliches Wasser gib uns heute.
Wir brauchen auch Kleider
und eine Wohnung.
Laß uns fröhlich spielen
und mit unseren Freunden
glücklich sein, Amen.

Danke für die Freunde

Dank Dir, Gott, für alle unsere Freunde,
für ihre Liebe und ihre Sachen
und für den Spaß, den wir uns
miteinander machen.
Segne uns und diese Gaben,
die wir durch Christus, unseren Freund,
empfangen haben. Amen

Ein Gebetswürfel

Segne
die Speise

Vater, segne
unsere Speise,
uns zur Kraft
und Dir zum
Preise. Amen.

Für Speis und Trank

Wir sagen Dir, Gott,
für Speis und Trank,
für alles Gute Lob
und Dank.
Amen.

Danke

Lieber Gott!
Mir hat das Essen
sehr gut geschmeckt.
Danke!

Das gute Brot

Lieber Gott,
ich danke Dir
für das gute Brot,
den schönen Tag
und dafür,
daß ich gesund
bin. Amen.

Die Umrisse dieses Gebetswürfels abpausen oder kopieren. Eigene Gebete auf fünf Seiten schreiben. Ein Feld bekommt ein großes Fragezeichen. Den Würfel auf dünne Pappe kleben, ausschneiden und zusammenkleben. Vor jeder Mahlzeit darf ein Familienmitglied würfeln und das Tischgebet vorbeten. Wer das Fragezeichen-Feld würfelt, denkt sich ein eigenes Gebet aus.

Unser Gast

Komm, Herr Jesus,
sei unser Gast
und segne,
was Du uns
gegeben hast.
Amen.

Wir haben genug

Wir haben genug zu essen,
wir werden täglich satt,
Hilf, daß wir den nicht vergessen,
der nichts zu essen hat.

Keine Not

Milch und Butter, Obst und Brot,
Herr, wir leiden keine Not.
Dafür sollen Groß und Klein,
jeden Tag Dir dankbar sein. Amen.

Ich bin neidisch

Lieber Gott,
manchmal bin ich neidisch:
Jenny hat eine schönere Puppe,
Julian bekommt jeden Tag Schokolade,
Irina hat einen Gameboy,
Timo ein Skateboard.
Und ich?
Laß mich mit meinen Sachen
zufrieden sein.
Und laß mich den anderen
ihre Schätze gönnen. Amen.

Dank für Speis und Trank

Dir sei, o Gott, für Speis und Trank,
für alles Gute Lob und Dank.
Du gabst, Du willst auch künftig geben.
Dich preise unser ganzes Leben. Amen.

Du hast uns satt gemacht

Guter Gott,
du hast uns satt gemacht.
Wir danken dir dafür.
Gib allen Menschen,
die heute Hunger haben,
zu essen und zu trinken.
Amen.

Im Restaurant

Lieber Gott,
wir danken Dir für Speise und Trank.
Auch, wenn wir dafür bezahlen,
wissen wir doch,
daß wir ohne Deinen Willen
nichts zu essen hätten.
Wir danken Dir für alles,
was uns leben läßt.
Segne auch jene Menschen,
die für uns die Speisen
zubereiten und uns bedienen.
Darum bitten wir durch Christus
unsern Herrn. Amen.

Schlechte Laune und Rote Beete

Lieber Gott,
heute hat es mir wirklich nicht geschmeckt.
Ich bin nämlich sauer und schlecht gelaunt.
Und wenn ich schlechte Laune habe,
kann man mir sowieso nichts recht machen.
Und dann gab es noch Rote Beete.
Da war ich schon vor dem Essen satt.
Trotzdem Danke, auch, wenn es mir
schwerfällt, dankbar zu sein. Amen.

Nun haben wir Brot

Lieber Gott,
Du hast die Sonne scheinen
und es regnen lassen.
Das Getreide ist gewachsen –
nun haben wir Brot.
Dafür danken wir Dir. Amen.

In Deiner Liebe geborgen

Vater im Himmel,
segne Speise und Trank,
die Frucht der Erde und der
menschlichen Arbeit.
Laß uns geborgen sein in
Deiner Liebe, durch Christus
unseren Herrn. Amen.

Gib uns zu essen

Lieber Gott, wir bitten Dich,
gib uns was zu essen.
Woll'n auch immer artig sein
und Dich nicht vergessen.

Erntedank

Lieber Gott,
wir danken Dir,
daß wir mehrere Obstsorten
ernten durften.
Hilf uns,
daß wir manchmal daran denken,
wie wunderbar Du es
doch geschaffen hast,
daß aus einer einzigen Blüte
eine Frucht und aus einer
einzigen Frucht ein Baum
werden kann. Danke, lieber Gott!

Du läßt wachsen

Lieber Gott, ich danke Dir,
daß Du die schöne Welt erschaffen hast,
daß Du das Korn wachsen läßt,
daß wir Brot essen können
und nicht hungern müssen.
Hilf uns, daß wir teilen können.

Alle guten Gaben

Alle guten Gaben,
was wir sind und haben,
kommt, o Gott, von Dir,
dafür danken wir.
Brot auf unserm Tische,
aus dem Meer die Fische,
alles kommt von Dir.
Dafür danken wir.
Schnee und Wind und Regen
und der Erntesegen,
alles kommt von Dir.
Dafür danken wir.

Alles kommt aus Deiner Hand

Für Sonne, Wind und Regen
danken wir Dir, o Gott.
Denn was auch sprießt in unserm Land,
alles kommt aus Deiner Hand.

Gib uns Segen

Gib uns Segen, lieber Gott,
Gib uns unser täglich Brot!
Hilf den Deinen und bewahre
sie vor aller Not. Amen

Streit vergessen

Herr, wir kommen zu dem Essen,
laß uns Neid und Streit vergessen,
schenke uns ein fröhlich Herz,
führe Du zu gutem Ende
unsere Freude, unseren Schmerz.

Segne Deine Gaben

Herr Gott, himmlischer Vater,
segne uns und diese Deine Gaben,
die wir von Deiner Güte zu uns nehmen,
Durch unseren Herrn, Jesus Christus,
Amen.

Fröhlich wachsen

Seh ich den Teller vor mir stehen,
lieber Gott, ich danke schön.
daß ich fröhlich wachsen kann.
Fang ich jetzt zu essen an.

Durch Deine Güte

Durch Deine Güte leben wir,
und was wir haben, kommt von Dir.
Drum sagen wir Dir Lob und Preis.
Tritt ein und segne unsern Kreis.

Brummbär in der Kirche

Lieber Gott,
ich möchte für Dich
ein Lied singen.
Aber ich bin kein
großer Sänger,
eher ein kleiner Brummbär.
Doch Du hast mir meine
Stimme gegeben.
Deshalb singe ich für Dich
und allen zum Trotz – mit allen
hier in der Kirche! Amen.

Alle Augen warten

Die Augen von uns allen
warten auf Dich, o Herr,
und Du gibst uns Speise
zur richtigen Zeit!
Du tust Deine Hand auf
und erfüllst alles,
was lebt, mit Segen.
Herr, segne uns und diese Gaben,
die wir von Dir empfangen haben,
Durch Christus, Deinen Sohn.
Amen.

Du wirst immer bei mir sein

Wer hat die Welt gemacht?

Wer hat die Sonne denn gemacht,
den Mond und all die Sterne?
Wer hat den Baum hervorgebracht,
die Blumen nah' und ferne?
Wer schuf die Tiere groß und klein?
Wer gab auch mir das Leben?
Das tat der liebe Gott allein,
drum will ich Dank ihm geben.

Auf meiner Schaukel

Rauf und runter, immer bunter
wird die Welt auf meiner Schaukel!
Wenn ich Dich dabei nicht sehe,
weiß ich doch um Deine Nähe.
Dafür Jesus, dank ich Dir,
nimm mich an und bleib bei mir!

Blumen voller Pracht

Gott, Du gabst uns
Blumen voller Pracht,
sie wachsen und blühen
mit Deiner Macht.
Manche sind rot,
manche weiß oder blau.
Schön sind sie alle,
das weiß ich genau.
Gib, Du Gott, den Segen,
für Blume und Tier.
Zuletzt eine Bitte:
Bleib stets auch bei mir!

Im Frühling

Lieber Gott, wir danken Dir,
für Deine Frühlingsstrahlen.
Sie wecken alle Blumen auf
und auch die Äst', die kahlen.

Lachen und springen

Daß ich lachen kann und singen,
daß ich spielen kann und springen,
daß ich hören kann und schauen,
fühlen kann und Träume bauen;
daß ich manchmal weinen kann,
und die Mutter hört mich an;
daß ich Deine Wunden sehe,
daß ich weiß um Deine Nähe:
Dafür Vater, dank ich Dir!
Nimm mich an und bleib bei mir.

Tanzen und Singen

Wenn ich glücklich bin und froh,
möcht' ich tanzen, möcht' ich singen.
Lieber Gott, laß nicht zu, daß andere
mich um meine Freude bringen. Amen.

Talente

Lieber Vater im Himmel.
Du hast jeden von uns gern.
Du hast uns beschenkt.
Jeder kann etwas anderes:
Der eine rechnet sehr schnell,
der andere zeichnet sehr schön,
ein dritter ist ein prima Freund.
Niemand von uns kann alles gut.
Wir wollen uns gegenseitig helfen.

29

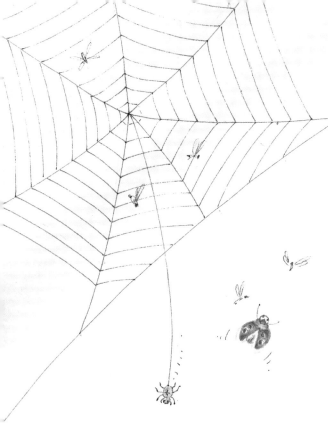

Kein Tierlein ist zu klein

Kein Tierlein ist auf Erden
Dir, lieber Gott, zu klein.
Du ließt sie alle werden,
und alle sind sie Dein.
Zu Dir, zu Dir,
ruft Mensch und Tier.

Der Vogel Dir singt,
das Fischlein Dir springt,
die Biene Dir brummt,
der Käfer Dir summt.
Auch pfeifet Dir das Mäuslein klein:
Herr Gott, Du sollst gelobet sein.

Das Vöglein in den Lüften,
singt Dir aus voller Brust,
die Schlange in den Klüften,
zischt Dir in Lebenslust.

Die Fischlein, die da schwimmen,
sind, Herr, vor Dir nicht stumm,
Du hörest ihre Stimmen,
ohn' Dich kommt keines um.

Vor Dir tanzt in der Sonne,
der kleinen Mücklein Schwarm;
zum Dank für Lebenswonne
ist keins zu klein und arm.

Kleine Spinne

Schau, eine Spinne,
wie fleißig sie webt.
Sie macht sich so nützlich,
wie gut, daß sie lebt!

Deshalb, kleine Spinne,
paß ich auf dich auf.
Soll keiner dich stören,
im Netz und beim Lauf.

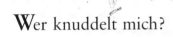

Wer knuddelt mich?

Heute bin ich traurig
und möchte am liebsten weinen.
Ich möchte mich ganz klein
zusammenrollen.
Vielleicht kommt jemand,
um mich zu knuddeln und
liebzuhaben?
Du weiß alles über mich.
Lieber Gott, hilf mir,
daß ich mich bald besser fühle.

Du gehörst zu unserer Familie

Lieber Gott,
segne alle, die ich liebe.
Segne alle, die mich lieben
Denn Du bist unser Vater, Gott.
Und damit bis Du ein Teil unsrer Familie.
Dafür danke ich Dir, Gott.

In allen Nöten

Heiliger Schutzengel mein,
laß mich Dir empfohlen sein.
In allen Nöten steh' mir bei
und halte mich von Sünden frei.
Bei Tag und Nacht, ich bitte Dich,
beschütze und bewahre mich.
Halt' mein Leben gut und fromm,
daß ich in den Himmel komm.
Maria mit dem Kinde lieb
uns allen Deinen Segen gib.

Mach mich fromm

Lieber Gott, mach mich fromm,
daß ich in den Himmel komm!

Gott ist groß

O Gott, wie groß,
wie gut bist Du,
wie schön ist Deine Welt!
Hilf, daß ich Dir
zuliebe tu,
was immer
Dir gefällt.

Danke für die Sonne

Lieber Gott,
ich danke Dir für den schönen Tag.
Ich freue mich,
daß die Sonne wieder scheint.

Wo ich gehe

Wo ich gehe, wo ich stehe,
bist Du, lieber Gott, bei mir.
Wenn ich Dich auch niemals sehe,
weiß ich dennoch, Du bist hier.

Wie ein Dach

Ich kann meine Hände falten,
wie ein Dach zusammen halten,
unters Dach kann ich nicht treten,
aber ich kann drunter beten.
Ist dies Gotteshaus auch klein,
es wird immer bei mir sein,
und in Freuden und in Sorgen
bin ich stets in Gott geborgen.

Wohin ich mich wende

Gott, Du liebst die Kinder Dein,
schau nach mir, ich bin noch klein.
Wohin immer ich mich wende,
kommt das Glück durch Gottes Hände.
Glück, das kommt und Glück, das geht,
Gottes Lieb' allein besteht. Amen.

Schutzengel mein!

Heiliger Schutzengel mein,
laß mich Dir empfohlen sein,
daß mein Herz von Sünden frei,
allzeit Gott gefällig sei.

Sonne und Regen

Wer hat den Frühling so gemacht,
mit Sonne und mit Regen?
Wer hat den Wurm ins Bett gebracht,
daß er die Beet' kann pflegen?
Wer schuf die Pflanzen groß und klein?
Wer gab auch mir das Leben?
Das machtest Du, o Gott, allein,
so will ich Dank dir geben.

Weil ich Dich mag

Ich freu' mich, daß die Sonne lacht
und alle Leute fröhlich macht.
Ich lade Dich zum Spielen ein
mit mir im Sonnenschein.

Ich freu' mich, daß die Blumen blüh'n.
Sie leuchten in dem frischen Grün.
Willst Du die schönen Blumen seh'n?
Ich zeig' Dir, wo sie steh'n.

Ich freu' mich, daß ein Vogel singt
und über mir ein Lied erklingt.
Ich pfeife fröhlich mit, und Du,
Du summst ganz leis dazu.

Ich freu' mich, daß im Sonnenschein
das Wasser lädt zum Baden ein.
Wir spritzen uns ein bißchen naß
und haben unsern Spaß.

Ich freu' mich, daß man Erdbeern dann
in unserem Garten pflücken kann.
Und wenn Du Lust auf Erdbeern hast,
bist Du heut' unser Gast.

Ich freu' mich, wenn ein Käfer brummt
und eine Biene lustig summt.
Ich freu mich über diesen Tag
und weil ich, lieber Gott, Dich mag.

So will ich für den Sonnenschein
von Herzen, Dir Gott, dankbar sein.
Ich freu' mich, daß die Sonne lacht
und alle hier so fröhlich macht.

Deine Liebe ist überall

Danke, Gott, für die glücklichen Tage,
Weihnachten, Geburtstag, Karneval.
Danke für die Zeit, wenn ich mit
meinem Spielzeug spiele.
Danke für die Ferien, Gott,
dafür, daß ich am Meer entlanggehen,
im warmen weichen Sand spielen
und im Meer schwimmen kann.
Ich sehe gerne zu, wenn sich die Wellen brechen,
denn dann denke ich daran,
daß Deine Liebe überall ist. Amen.

Wenn ich abends schlafen geh'

Müde bin ich

Müde bin ich, geh zur Ruh,
schließe beide Äuglein zu.
Vater, laß die Augen Dein
über meinem Bette sein.
Hab' ich Unrecht heut' getan,
sieh es, lieber Gott, nicht an.
Deine Gnad' und Jesu Blut
machen allen Schaden gut.
Alle, die mir sind verwandt,
Gott, laß ruh'n in Deiner Hand.
Alle Menschen groß und klein,
sollen Dir befohlen sein.
Kranken Herzen sende Ruh,
nasse Augen schließe zu,
laß den Mond am Himmel steh'n
und die weite Welt besehn.
Amen.

Im Zoo

Heute waren wir im Zoo,
lieber Gott.
Es macht Spaß, die Tiere
zu beobachten.
Aber willst Du wirklich,
daß Deine Geschöpfe
eingesperrt sind?
Sonst laß sie doch einfach
frei, wenn Dir das nicht
gefällt. Amen.

Mein Freund, der Vogel

Lieber Gott, ich bin froh,
einen so lieben Vogel
als Freund zu haben.
Er hört immer zu und versteht mich.
So zutraulich und treu
ist bestimmt kein anderer Vogel.
Schon, wenn er mich hört,
hüpft er aufgeregt herum.
Er ist mein bester Freund,
mit dem ich über alles reden kann.
Ich habe ihn gern. Ich hoffe,
daß auch andere Kinder
so einen lieben Vogel haben.
Ich danke Dir für meinen kleinen Freund.

38

Gespielt, gesungen, gelacht!

Großer, guter Gott,
vielen Dank für diesen Tag.
Wir haben gespielt, gesungen, gelacht,
gezankt und uns wieder lieb' gehabt.
Wenn wir uns lieb haben,
verzeih' und segne uns
und gib' uns eine gute Nacht. Amen.

Mein Geburtstag

Lieber Gott,
heute hatte ich Geburtstag.
Ich habe schöne Geschenke bekommen.
Alle meine Freundinnen waren bei mir.
Meine Feier war sehr lustig.
Wir feierten gleich fünf Stunden
lang ein schönes Fest.
Ich danke Dir, daß alle meine
Freundinnen kommen durften.
Danke, daß ich Geschenke bekommen habe,
die ich mir auch gewünscht hatte.
Auch dafür, daß es so lustig war,
danke ich Dir.
Bitte mach, daß mein nächster
Geburtstag auch so schön wird.
Bitte mach, daß es den anderen
auch so gut gefallen hat.
Bitte mach, daß mich die anderen auch
zu ihrem Geburtstag einladen. Amen.

39

Mach die Eltern stark und froh

Segne, Gott, ich bitte Dich,
meine Eltern gnädiglich.
Wollst sie hüten und bewahren
stets vor Sünden und Gefahren.
Schütz' sie vor des Bösen Wut,
mach sie stark und froh und gut,
daß sie durch des Lebens Zeiten
mich den Weg zum Himmel leiten.

Behüte meine Eltern

Vater im Himmel, ich bitte Dich,
behüt' meine Eltern, behüte auch mich.
Mit Deinem starken Arm bewahr'
meine Geschwister vor aller Gefahr.
Alle, die mir verwandt und bekannt,
beschütze mit Deiner mächtigen Hand.

Ich schlafe ein

Dieser Tag ist nun vorbei.
Schön ist er gewesen.
Ich habe es gut gehabt.
Ich habe gelacht.
Ich kenne viele liebe Leute.
Jetzt schlafe ich ein.
Sonst will ich nichts.
Danke, guter Gott!

Für die Eltern

Die Eltern mein empfehl' ich Dir,
behüte, lieber Gott, sie mir.
Vergib', o Herr, was ich nicht kann,
das Gute, das sie mir getan. Amen.

Mein Bruder, der Bengel

Mein Bruder ist ein richtiger Bengel.
Ich habe eine Wut auf ihn!
Ich bin ihm böse!
Bist Du ihm auch böse, lieber Gott?
Vielleicht verstehst Du seine Streiche.
Manchmal meine ich, er wäre nett.
Dann habe ich ihn auch richtig lieb.
Aber das hält leider nicht lange an.
Ich möchte ihn sehen, wie Du ihn siehst.
Dann fällt das Liebhaben nicht so schwer.
Hilf uns beiden, lieber Gott. Amen.

Schütze meine Familie

Lieber Gott, vielen Dank
für den schönen Tag heute.
Beschütze meinen Papa und
meine Mama, meine Oma und
meinen Opa, meine Geschwister
und auch mich.
Hab' uns alle lieb und gib
uns Deinen Segen.
Und bitte beschütze auch alle
Kinder auf der Welt.
Laß kein Kind Angst haben
oder traurig sein.
Laß alle bei Dir geborgen sein.

Schau vom Himmel nieder

Lieber Gott, Du kannst alles geben,
gib auch, was ich bitte nun:
Schütze diese Nacht mein Leben,
laß mich gut und sicher ruh'n.
Sieh auch von dem Himmel nieder
auf die lieben Eltern mein.
Laß uns morgen alle wieder
fröhlich und Dir dankbar sein.

Es wacht Dein Engel

Bevor ich mich zur Ruh' begeb',
zu Dir, o Gott, mein Herz ich heb'
und sage Dank für jede Gabe,
die ich von Dir empfangen habe.
Und hab' ich heut' mißfallen Dir,
so bitt' ich Dich, verzeih' es mir!
Dann schließ ich froh die Augen zu.
Es wacht Dein Engel, wenn ich ruh'.
Amen.

Gute Nacht

Das Licht der Sonne geht dahin.
Aber Gott, du läßt Dein Licht
weiter über meinem Bettchen leuchten.
Erleuchte mich und gib mir eine
gute Nacht. Amen.

Auf Morgen freuen

So ein schöner Tag war heute,
lieber Gott, und so viel Freude
hast Du wieder mir gemacht,
dankbar sag' ich gute Nacht.
Wasch mir alle Flecken ab,
die ich auf dem Herzen hab,
weil es dann so wohl mir ist,
wenn Du wieder gut mir bist.
Vater, Mutter, alle Lieben,
seien Dir ins Herz geschrieben
und der Engel, der mich schützt,
wenn er so am Bette sitzt.
Schlaf ich ruhig und selig ein,
kann mich schon auf Morgen freun.

Danke für die Gaben

Bevor ich mich zur Ruh begeb'
zu Dir, o Gott, mein Herz ich heb'
und sage Dank für jede Gabe,
die ich von Dir empfangen habe.
Und hab' ich heut' mißfallen Dir,
so bitt' ich Dich, verzeih' es mir.
Dann schließ ich froh die Augen zu,
es wacht ein Englein, wenn ich ruh.
Maria, liebste Mutter mein,
o laß mich Dir empfohlen sein.
Dein Kreuz, o Jesus, schütze mich,
vor allem Bösen gnädiglich.
In Deine Wunden schließ mich ein,
dann schlaf ich sicher keusch und rein.

14 Engelein

Abends, wenn ich schlafen geh,
vierzehn Engel mit mir gehn,
zwei zu meinem Kopf,
zwei zu meinen Füßen,
zwei zu meiner Rechten,
zwei zu meiner Linken,
zwei, die mich decken,
zwei, die mich wecken,
zwei, die mich weisen
zu Himmels Paradeisen.

Bleib bei uns, Herr!

Wir bitten Dich, Herr Jesus Christ,
weil es nun Nacht geworden ist,
Du mögest bei uns bleiben,
damit die Angst und Dunkelheit
Dein Licht uns nicht vertreiben.
Behüte uns mit Deiner Macht
damit wir auch in dieser Nacht
in Deinem Frieden schlafen.
Bewahr' uns Deine Kinder rein,
und laß uns wohl behütet sein
vor Sünden und vor Strafen.

Der Tag war schön

Lieber Gott, heute war der Tag so schön,
leider muß ich schlafen geh'n.
Laß mich, lieber Vater mein,
morgen wieder fröhlich sein. Amen.

Sei unser Licht!

Da nun der Tag vergangen ist,
so bitten wir Dich, Jesus Christ:
Sei, wenn es dunkelt, unser Licht,
dann schlafen wir voll Zuversicht.
Was wir verkehrt und falsch getan,
das rechne nicht als Sünde an.
Lösch es in Deiner Liebe aus.
Herr, segne uns und dieses Haus!

Schütze mein Leben

Lieber Gott, kannst alles geben,
gib auch, was ich bitte nun!
Schütze diese Nacht mein Leben,
laß mich sanft und sicher ruh'n.
Sieh auch von dem Himmel nieder,
auf die lieben Eltern mein,
laß mich jeden Morgen wieder
fröhlich und Dir dankbar sein!

Laß mich offen sein

Lieber Gott,
ich hätte gern einen Freund,
dem ich vertrauen kann,
der nicht, was ich ihm im
Vertrauen sage, weitererzählt.
Auch, wenn er mir etwas anvertraut,
laß es mich nicht verraten.
Einen Freund möchte ich haben,
der mir hilft, wenn ich etwas
nicht kann - und umgekehrt.
Einen Freund, der meine Freundschaft
nicht erkauft und ich nicht seine.
Lieber Gott, laß mich offen
sein für Menschen, damit ich
„meinen" Freund nicht übersehe.

Mond und Sterne

Liebe helle Sterne,
in dem dunklen Meer
ich seh euch golden funkeln,
schwimmt hinterm Monde her!

Lieber großer gelber Mond,
du schwimmst durch das Wolkenmeer,
hier ein Zipfel, da ein Zipfel,
doch jetzt seh' ich dich nicht mehr.

Und nun schließe ich die Augen,
schlafe tief die ganze Nacht.
Lieber Gott, für alle Menschen
bist Du da und hältst die Wacht.

Weißt du, wieviel Sternlein steh'n?

Weißt du, wieviel Sternlein steh'n
an dem hohen Himmelszelt?
Weißt du wieviel Wolken geh'n
weit hinüber alle Welt?
Gott, der Herr, hat sie gezählet,
daß ihm auch nicht eines fehlet
an der ganzen großen Zahl,
an der ganzen großen Zahl.

Weißt du, wieviel Mücklein spielen,
in der heißen Sonnenglut?
Wieviel Fischlein auch sich kühlen,
in der hellen Wasserflut?
Gott, der Herr, rief sie mit Namen,
daß sie all' ins Leben kamen,
daß sie nun so fröhlich sind.
Daß sie nun so fröhlich sind.

Weißt du, wieviel Kinder frühe
stehn aus ihrem Bettlein auf,
daß sie ohne Sorg' und Mühe
fröhlich sind im Tageslauf?
Gott im Himmel hat an allen
seine Lust, sein Wohlgefallen,
kennt auch dich und hat dich lieb,
kennt auch dich und hat dich lieb.

Mein Lieblingsgebet